I0792404

IO HECHIZOS DE AMOR Y UNA MALDICIÓN APASIONADA

Baba Yagá Editora
babayagaeditora@gmail.com
Aibonito, Puerto Rico

10 HECHIZOS DE AMOR Y UNA MALDICIÓN APASIONADA

Amárilis Pagán Jiménez

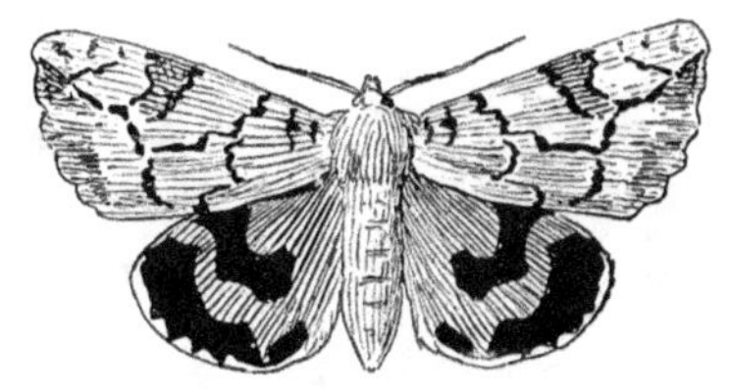

Prólogo

El amor ha sido, por siglos, un terreno en el que las mujeres hemos tenido que navegar entre expectativas impuestas y los ecos de nuestras propias voces. Este libro nace para desafiar esos moldes, para recordarnos que el amor, en su forma más pura, es libertad, es poder, y es una elección que nace desde nosotras mismas.

10 Hechizos de Amor y una Maldición Apasionada es una herramienta para quienes desean reclamar su autonomía, para quienes se atreven a amarse con total entrega, sin dejarse definir por las expectativas ajenas. Aquí, el amor no es una jaula ni una sumisión; es un acto radical de autoafirmación y de conexión con nuestras raíces más profundas.

Cada hechizo que encontrarás en estas páginas es un acto de resistencia contra las narrativas que nos han hecho creer que necesitamos la validación externa para ser completas.

Aquí te invito a mirar tu reflejo, no con los ojos de la sociedad, sino con los tuyos, reconociendo tu poder, tu historia y tu capacidad infinita de dar y recibir amor. El amor, en su esencia, es un acto revolucionario cuando se vive en libertad.

Este libro es tanto un espejo como un espacio de creación. Un espejo donde verás las cicatrices, los sueños, las heridas sanadas y la belleza de tu propio proceso. Un espacio donde podrás conjurar nuevas formas de amar: a ti misma, a los demás, y al mundo que deseas construir. Los hechizos te invitan a actuar desde la autonomía, a desafiar las narrativas que nos limitan, y a hacer del amor un acto de resistencia feminista.

Y luego está la maldición final, un hechizo paradójico, no para destruir, sino para liberar. Liberarte de los vínculos, de las cargas emocionales y de las estructuras que te impiden florecer. Porque la afirmación más poderosa es aquella que corta con lo que nos aprisiona, para dar paso a la vida plena que merecemos vivir.

En estas páginas, la magia y el poder de las mujeres se entrelazan para recordarte que el amor que mereces no es el que te encierra, sino el que te empodera. Cada hechizo es un llamado a la libertad, a la justicia, y al amor propio. Es tiempo de conjurar desde nuestras propias verdades, de amarnos primero, y de construir relaciones que respeten y celebren nuestra fuerza.

Bienvenida a este espacio sagrado. Aquí el amor y la magia se encuentran al servicio de nuestra emancipación. Enciende tu vela, afirma tu poder, y comienza el viaje hacia el amor pleno y liberador.

Amárilis Pagán Jiménez
octubre de 2024

Acuarela sobre papel
©Amárilis Pagán Jiménez

I.

HECHIZO, PARA EL AUTODESCUBRIMIENTO Y AMARSE CON TOTAL ENTREGA Y ACEPTACIÓN

El amor primigenio nos une al universo en total aceptación de nuestro ser.

Utilice un espejo. Encienda una vela blanca y apague el resto de luces de la habitación.

Sostenga el espejo con su mano izquierda y mírese en él. Reconozca todas las críticas que sus voces internas le susurran al oído y anótelas en un papel en blanco. Ese papel se convertirá en el velo que quemaremos en el hechizo.

"Estoy protegida en el cerco de luz de esta vela blanca. Soy inmune a las voces y recuerdos que me hacen daño. Descorro el velo del desamor y me revelo como un ser en proceso de evolución".

[Queme el papel mientras continúa con el hechizo]

"Me desvisto de ideas viejas, de expectativas de perfección, de las imágenes que me degradan. Me desvisto de los sueños ajenos que pretenden anular los míos. Descorro el velo de las críticas y me veo. Me veo. Me veo y me acepto. Me abrazo a mi imagen en el espejo. Me veo como persona. Me veo como un espíritu que merece amor, abundancia y felicidad. Reafirmo mi derecho a amarme tal y como soy. El velo es sólo cenizas que vuelan con viento. Mi ser es infinito. Pura energía amorosa vestida de esperanza y humanidad".

Cuelgue el espejo en un lugar visible que le recuerde el conjuro.

2.

HECHIZO PARA AMAR PROFUNDAMENTE SIN DEJAR DE SER UNA MISMA

Me amo y luego amo.

En una noche de luna nueva: Utilice unas tiras del papel de su preferencia. Consiga, además, una planta perenne de interior o exterior. Si puede tener una de flores, mejor. Escriba en siete de las tiras sus metas de vida, las que le definen como persona y usted identifica como parte indispensable de su autorrealización. En las tres restantes, escriba los campos comunes, lo que usted desea cultivar en su vida de pareja. Una vez escriba en las tiras de papel, enróllelas hasta convertirlas en el equivalente a pequeñas semillas que luego sembrará bajo su planta. Luego haga el conjuro.

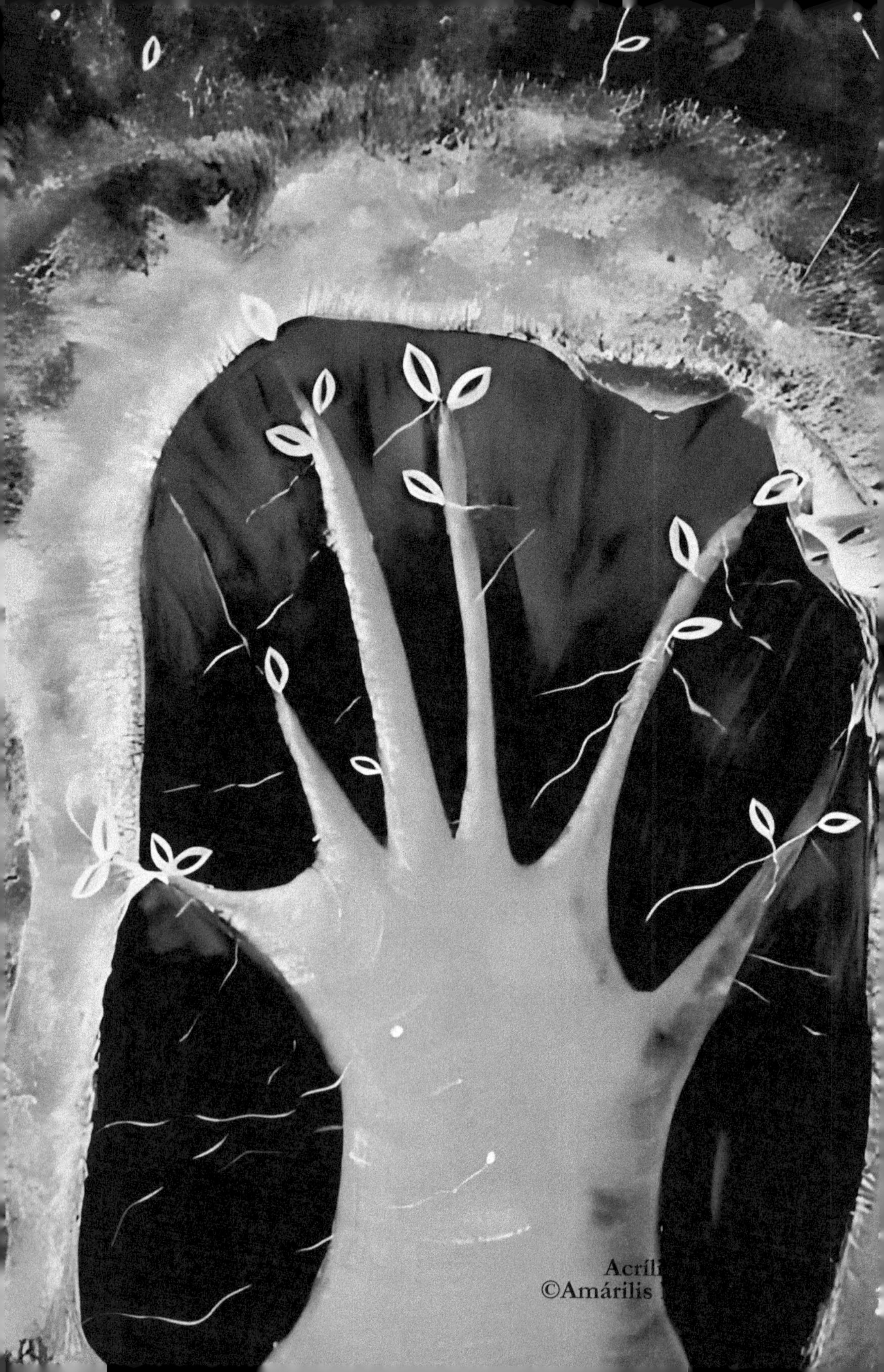
Acríl
©Amárilis

"Llevo en mí la fuerza infinita de mis sueños.
Llevo en mí las semillas de una vida feliz.
Semillas amorosas, [añada palabras que le
describan] ___________________,
___________________ y
___________________, Conjuro lo mejor de
mí y lo hago presente a través de estas semillas de
vida y amor que hoy cultivo para que crezcan
como crecerá esta luna. Hago un compromiso con
mi verdad y también con el amor, afirmando el
poder que encierra. Mi amor es como las raíces de
una planta que viajan al interior de la tierra
buscando el agua y alimentos que se transforman
en flores, frutos y semillas de un ciclo planetario de
vida.
Puedo florecer en plenitud.
Puedo amar en plenitud."

3.

HECHIZO PARA AMAR DESDE LA LIBERTAD

El mar es libre.

Escoja su hora del día y una playa feliz.
Prepárese para un chapuzón.

Recoja caracoles, piedras y cristales de la playa.
Mientras los recoge, piense en cada miedo,
historia pasada o premisa mental que le impida
amar libremente. Esto incluye frases que le
hayan hecho daño, partes de su cuerpo que no le
gusten, inhibiciones, creencias de no
merecimiento, corajes… A la orilla del mar,
siéntese en la arena con las piernas cruzadas.
Haga a su alrededor un círculo con cada piedra,
caracol y cristal y reconozca que son el cerco
que le impiden amar en libertad.

Cuando complete el círculo, cierre sus ojos e inhale la brisa marina, escuche el mar y visualice cómo ese mar viaja el planeta, recibe ofrendas, alimenta la vida, envuelve amantes… Visualice cómo usted es el mar que lleva en sí la dulzura para besar y también la fuerza para avasallar las costas. Luego lea su conjuro mientras va tomando de una en una las limitaciones a su libertad y las lanza al mar para que las transforme en plenitud.

"Cuerpo, mente y alma convergen en el interior de este círculo. Miro desde él los horizontes azules que se hacen infinitos a través de la esfera del planeta. Miro desde él el horizonte infinito de mi corazón y elijo trascender toda frontera que me separe del amor. Lanzo a las olas del mar cada pensamiento limitante y me amo. Lanzo cada experiencia dolorosa, y sano. Lanzo cada palabra hiriente y perdono. Lanzo cada terror a fluir en amor y amo en libertad. Me pongo de pie ante el universo y reafirmo la felicidad. Camino hacia el mar, como quien camina al amor pleno.

Acrílico sobre c
©Amárilis Pagán Ji

Me sumerjo en la tibieza de un beso profundo y dejo que cada parte de mi cuerpo lo acepte con placer y alegría. Mi corazón se abre. Amo en libertad."

Este hechizo se puede adaptar a un río o lago y utilizar guijarros, hojas, ramas hermosas...

sobre papel

4.

HECHIZO PARA ATRAER BUENA FORTUNA EN EL AMOR

La rueda de la fortuna siempre está a nuestro favor.

Use la imagen del hechizo como amuleto. Observe cómo la imagen puede mirarse invertida o derecha y siempre luce en movimiento.

"Soy la inteligencia superior que mueve la rueda de la fortuna… y la detiene a su antojo. Sonrío a cada paso que doy y concentro mi energía en el centro de mi pecho. La luz azul de los cielos, la verde hojarasca de los montes, el suave fluir de los ríos viajeros emanan de mí en un movimiento de espiral que reconoce cómo vibra mi ser y atrae justo lo que necesito para vivir en amor. Soy mi propia fortuna. El amor ya vive en mí."

5.

HECHIZO PARA CURAR CORAZONES ROTOS

Los corazones no se rompen. Se transforman.

Para este hechizo, dibuje un corazón sobre un papel blanco. Escriba dentro de él palabras que describan su dolor y frases que recojan sus pensamientos de pérdida. Observe cómo surgen los "jamás", los "siempre", las soledades y las idealizaciones. Escriba todo. Aún cuando eso implique escribir sobre lo escrito. Luego, recorte el corazón. Será usted quien romperá ese corazón de papel como parte del hechizo.

"Este corazón roto no me pertenece. Pertenece a la idea de que dependemos del amor ajeno para vivir felices. Pertenece a un mundo en el que los corazones se entregan a manos ajenas. Pertenece a una mente que se escuda en los nunca, los jamás y los siempre para evadir el fluir universal. Pertenece a un pasado que no existe ya." [Queme el corazón roto]

Dibuje un nuevo corazón en el centro de su pecho. [Puede utilizar lápiz labial, un marcador o pinturas] Decore o dibuje el corazón según fluya y escriba en él nuevas palabras de sanación y alegría.

"Tengo un corazón fuerte y valiente. Lleno de esperanza. Repleto de amor a la vida y hacia mí. Tengo un corazón capaz de transformarse, de crecer y de llenar cada parte de mi cuerpo con energía de vida. Volveré a amar. Volverán a amarme. Me visto de esperanza y alegría y pongo el corazón en cada acto de vida que me llena de plenitud. Mi corazón está sano."

Acuarela sobre papel
©Amárilis Pagán Jiménez

6.

HECHIZO PARA HONRAR EL AMOR RECÍPROCO

Somos dos.

Elija el lugar que más le guste: Una mesa con velas, una cama perfumada, una sombra fresca, una orilla de mar o un rincón íntimo donde puedan hacer el hechizo sin que les interrumpan.

Con un plato lleno de fresas y dos copas de vino blanco, procedan con el hechizo. Cada cual alimenta y da de beber a la otra persona. El método lo eligen ustedes.

"Te alimento y me alimentas. Tengo tanto amor para dar. También corazón para recibir. Fluyo feliz en tus abrazos y siento el mar inundar mi pecho cuando pienso en ti. Honro tu amor desde el amor que cultivé hacia la vida, desde los caminos recorridos para saberme libre, desde la felicidad que nace del autoconocimiento y desde la paz con mis propias decisiones. Te amo libre. Te amo feliz. Te amo con alegría. Te alimento y me alimentas… de sueños, de victorias, de cotidianas complicidades, del dejar ser, de la aceptación y el respeto, de las ilusiones que nos visitan a través de este tramo de vida."

Sellen el hechizo con un beso (parece un cliché, pero no lo es).

7.

HECHIZO PARA CELEBRAR EL AMOR APASIONADO

La pasión no tiene fecha de expiración.

Necesitará: espejo, música, hilo rojo (puede ser un marcador rojo), aceite de masaje, incienso y velas.

Este es un hechizo de autoexploración porque la pasión duradera nace de nuestra propia pasión por la vida y de cuánto nos conozcamos. Este hechizo debe hacerlo en un momento del día en que sepa que no habrá interrupciones.

Ambiente el espacio. Recuéstese cómodamente. Mientras hace el conjuro, recorra cada parte de su cuerpo ayudándose con el aceite. Observe las memorias que su cuerpo ha acumulado. Suelte las negativas. Marque con el hilo rojo las positivas. Reescriba su ruta de pasión. Mírese atentamente con el espejo y vea el mapa que surge.

Acrílico sobre canva
©Amárilis Pagán Jiménez

"Convoco la sabiduría que me habita. Adopto la mirada del espejo y me observo desde él. Soy la mirada que todo lo ve, la energía que recorre cada parte de mí y que es capaz de desprenderse de cualquier dique que haya sido impuesto por mi mente al fluir apasionado. Toco cada parte de mi cuerpo. Veo y siento. Siento y recuerdo su historia. La reescribo desde la sensación del hoy. Amarro con un hilo rojo los puntos de un mapa que marca la ruta del placer y la pasión por la vida. Viajo por ella y la preparo para el amor. Es una ruta abierta desde mi voluntad. Es una ruta apasionada que puedo compartir con mi amor".

Luego de tener su mapa personal, haga una cita de conjuro y brujería con su pareja para compartir los mapas.

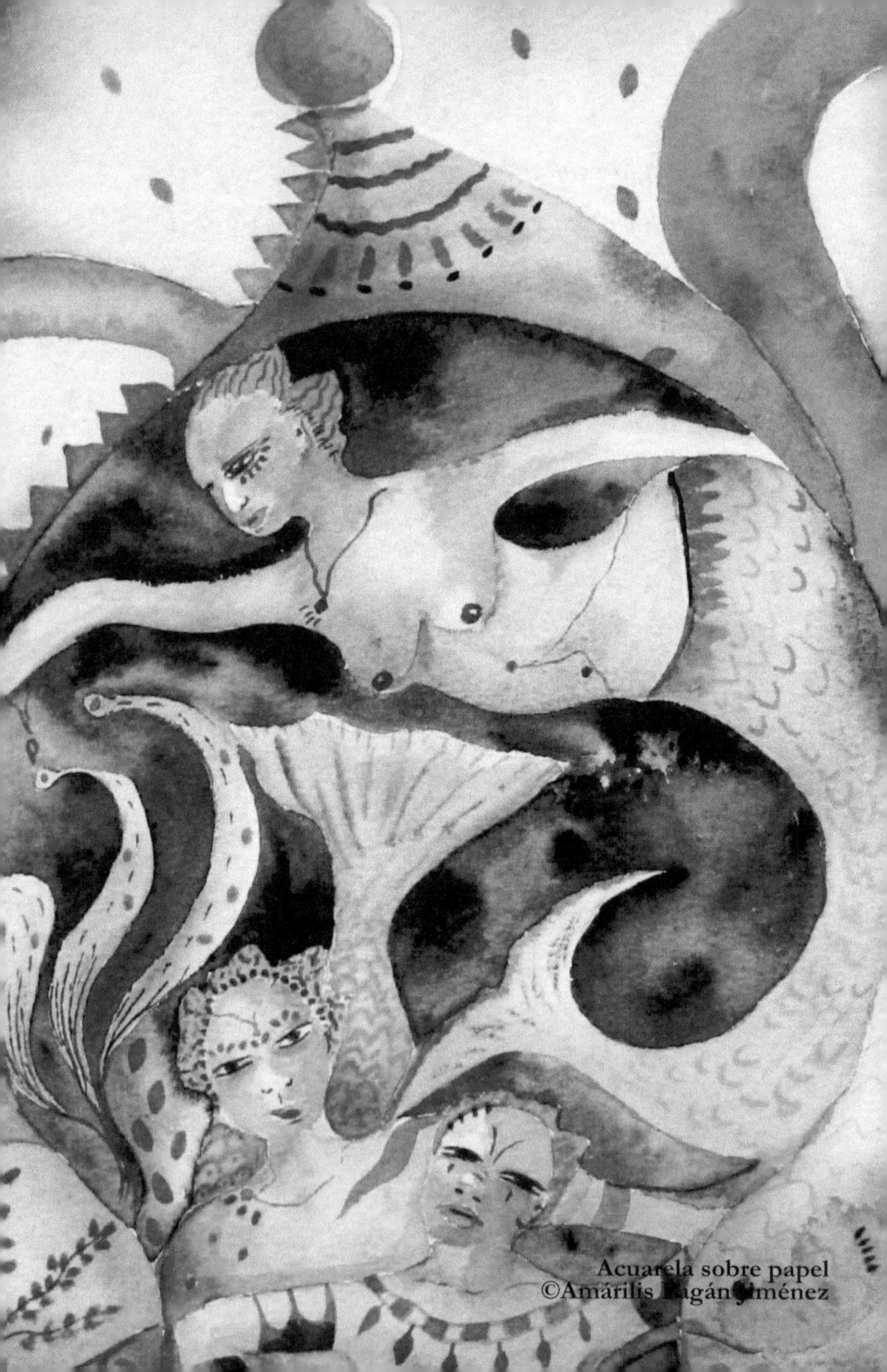
Acuarela sobre papel
©Amarilis Pagán Jiménez

8.

HECHIZO DEL AMOR FUGAZ

¿Cómo saber si es fugaz? ¿Por qué preocuparse, si simplemente hay que vivirlo?

Para este hechizo prepare una pequeña caja con arena. Consiga, además, una varita que le sirva para escribir en ella. Mientras hace el conjuro, dibuje sobre la arena las imágenes que le evoque. Cada vez que haga un dibujo, pause y observe el mismo. Vea sus detalles, su belleza, y luego, bórrelo. La belleza de cada dibujo es lo que es. No importa cuánto dure cada uno.

"Me desvisto de las expectativas de amor eterno porque entiendo que todo lo que nace lleva en sí la semilla de un final.

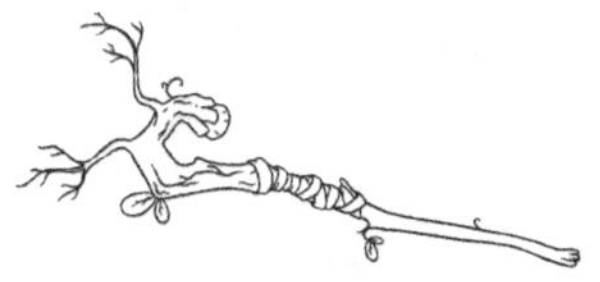

Me desprendo del miedo a los adioses y celebro los encuentros que la vida me regala. Descubro la belleza del momento presente y me entrego a los besos, los abrazos, el tibio latir del amor generoso y soy feliz. Al amor no lo define el tiempo. El amor es en sí mismo un portal para nuestro viaje interior. Convoco lo mejor de mí y lo comparto en un hechizo de amor recíproco. Abro las ventanas de mi corazón y dejo entrar en él las semillas felices de la esperanza. El hoy es tiempo suficiente para amar."

9.

HECHIZO PARA TRANSICIONES AMOROSAS

Los amores se transforman.

Para este hechizo, haga un péndulo con hilo rojo
y una aguja. Hará un balance de amor y
felicidad para poder moverse hacia su bienestar.
Este hechizo se utiliza cuando hemos terminado
una relación amorosa y tenemos dudas en
cuanto al camino a seguir.

Para usar el péndulo, siéntese frente a una mesa
y con ambos pies en el piso. Sostenga el
péndulo con el dedo índice y el pulgar. Recueste
el codo en la mesa. Deje que el péndulo se
quede quieto. Se moverá por sí mismo más
adelante.

Acuarela sobre papel
©Amárilis Pagán Jiménez

"Concentro mi energía en este péndulo y abro mi mente para las respuestas que necesito. Hago un balance entre el amor y la felicidad desde preguntas que necesitan respuestas evidentes. Reconozco lo que mi mente y corazón ya saben. Reconozco mi libertad como un bien sagrado que no debo rendir. Reconozco que vivo un momento que pasará."

Plantee preguntas como las siguientes: "¿Soy feliz? ¿Tengo paz? ¿Vivo en plenitud las demás relaciones importantes de mi vida? ¿Estoy en amor?" El péndulo se moverá hacia adelante para indicar "Sí" y hacia los lados para contestar "No". Si no asume una dirección clara, usted tendrá que contestar.

Una vez termine, agradezca al péndulo y deshágalo.

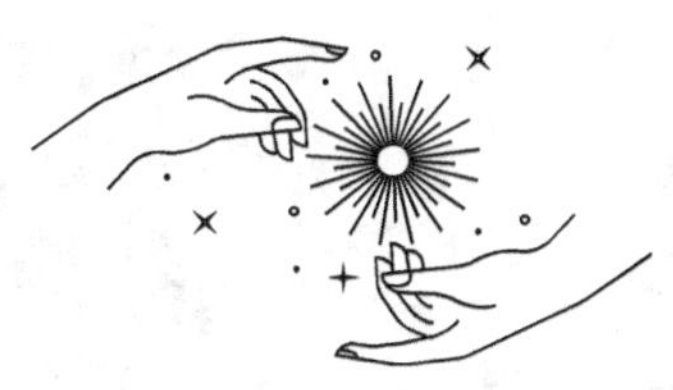

libre
Lápiz y marcador sobre papel
©Amarilis Pagán Jiménez

IO.

HECHIZO DEL POLIAMOR FELIZ

No hay límites para las expresiones del amor.

Este hechizo se hace cuando existe un grupo de tres o más personas que se relacionan amorosamente entre sí y que desean vivir una experiencia plena, de honestidad, fidelidad y búsqueda de la felicidad.

Necesitará un aro de 4 a 5 pulgadas de diámetro, cintas de colores y una cuenta de cristal que pueda utilizar para amarrar al centro del círculo con la cinta. Utilice una cinta por cada persona que esté en su círculo poliamoroso. Lea este conjuro mientras amarra cada cinta.

Acuarela sobre papel.
©Amárilis Pagán Jiménez

"Abrazo mi corazón y luego lo abro al poliamor. Esta cuenta de cristal representa el centro de toda acción, pensamiento e intención amorosa que nos une. Afirmo un amor cristalino que se alegra de la felicidad de sus amadas y amados. Asigno a cada cinta las intenciones y compromisos que asumo en esta relación y las amarro, de una en una, a este círculo que representa una puerta al disfrute del amor en el cual vivimos. Soy transparente: Expreso emociones. Soy honesta: Soy impecable en mis acciones. Soy libre: Me reconozco y conozco los límites que me permiten vivir en balance y bienestar".

Al terminar su conjuro, añada una cinta para colgar su amuleto poliamoroso en un lugar significativo para usted. Según fluya su relación, puede añadir hilos o cintas adicionales en los colores que sienta que representan sus nuevas emociones.

XI.

MALDICIÓN APASIONADA

No todas las maldiciones son malas.

Esta es realmente una expresión de liberación. Úsela sólo cuando esté segura de que quiere cortar todo vínculo con una persona que ya no ama.

Necesitará: tijeras, hilo rojo grueso y una vela.

Este hechizo maldición es para hacerse en un crepúsculo. El filo entre la noche y el día. Enrolle el hilo rojo alrededor de la vela, pero deje un trozo de al menos 6" de largo como sobrante. Encienda la vela.

"Conjuro la energía que habita las nubes anaranjadas de los crepúsculos, el fuego que enciende los cielos, las brujas que vuelan abrigadas en el manto azul de los cielos nocturnos y las estrellas rebeldes que se asoman en los cielos del día. Convoco las mariposas nocturnas y las aves que peregrinan entre la noche y el día. Alimento con las fuerzas conjuradas la llama de esta vela y le pido que recoja cualquier sentimiento y vínculo que me ate al amor pasado de [diga el nombre que aplique]. Así como esta vela -y el hilo rojo que la rodea- recoge toda experiencia negativa o recuerdo que me impida avanzar, esta tijera recorta cualquier vínculo que nos pueda unir desde el pasado, el presente y aún desde el futuro. Así como tengo la voluntad para mirar la flama de la vela libre de emociones negativas, las fuerzas que he convocado me acompañarán en un nuevo caminar de esperanza hacia una vida plena.

Así como estoy libre, me mantendré libre para amar. Así como me siento en plenitud, sabré amar desde ella y no desde la necesidad o el miedo a la soledad.

Maldigo el miedo. Maldigo los apegos. Maldigo las debilidades ajenas que tratan de entrar a mi vida para robarme felicidad. Las reconozco y las manejo en balance. Sé hasta dónde dejarlas llegar.

Abrazo la pasión por la vida".

Corte el hilo rojo y deje que la flama de la vela lo consuma. Sin descuidar la vela, deje que se consuma hasta el final.

LA SEMILLA DE TU GRIMORIO

Tu sabiduría es infinita.

Espero que este libro de hechizos te haya dado momentos de asombro, de ensoñación, de fuerza y de voluntad.

Eres la generadora de tu propia fuerza.

Te recuerdo que:

1. Habrá momentos de inmensa alegría para ti, pero también grandes adversidades. Vienen en el paquete de este viaje llamado vida.

2. Aprende a ver los mapas. Así sabrás qué cosas dependen de ti y qué cosas escapan tu control inmediato.

3. ¿Qué otras mujeres viven experiencias como la tuya? Son tus hermanas. Une fuerzas.

Si caminas alerta y con el corazón abierto, escribirás tus propios hechizos y sanarás las heridas del pasado y todo lo que necesite sanarse a partir de ahora.

Ojalá este libro sea una maravillosa semilla de magia para tu propio grimorio.

APJ